Grön Glädje

En Växtbaserad Kokbok

Eva Lindqvist

Innehåll

introduktion

Fram till nyligen började fler och fler människor äta en växtbaserad kost. Exakt vad som lockade tiotals miljoner människor till denna livsstil är en fråga om debatt. Det finns dock allt fler bevis för att en växtbaserad livsstil leder till bättre viktkontroll och övergripande hälsa utan att många kroniska sjukdomar uppstår. Vilka är hälsofördelarna med en växtbaserad kost? Det visar sig att den växtbaserade kosten är en av de hälsosammaste dieterna i världen. En hälsosam vegansk kost innehåller massor av färskvaror, fullkorn, baljväxter och hälsosamma fetter som frön och nötter. De är rika på antioxidanter, mineraler, vitaminer och fibrer. Aktuell vetenskaplig forskning tyder på att högre intag av växtbaserad mat är associerat med en lägre risk för dödsfall i sjukdomar som hjärt- och kärlsjukdomar, typ 2-diabetes, högt blodtryck och hjärtsjukdomar. Fetma. Veganska matplaner är ofta baserade på hälsosam basföda och undvik animaliska produkter som är laddade med antibiotika, tillsatser och hormoner. Dessutom kan ett högre förhållande mellan essentiella aminosyror och animaliskt protein vara skadligt för människors hälsa. Eftersom animaliska produkter innehåller mycket mer fett än växtbaserade livsmedel, är det ingen överraskning att studier har visat att fetma är nio gånger högre bland köttätare än veganer. Detta för oss till nästa punkt, en av de största fördelarna med den veganska kosten: viktminskning. Medan många människor väljer att leva ett veganskt liv av etiska skäl, kan kosten i sig hjälpa dig att uppnå dina viktminskningsmål. Om du har problem med att gå ner i vikt, överväg en växtbaserad kost. Hur exakt? Som vegan, minska din konsumtion av kaloririka livsmedel som hela mejeriprodukter, fet fisk, fläsk och andra livsmedel som innehåller kolesterol som ägg. Försök att ersätta dessa livsmedel med alternativ som innehåller mycket fibrer och protein som gör att du känner dig mätt längre. Nyckeln är att fokusera på näringstäta, rena och naturliga livsmedel och undvika tomma kalorier som socker, mättade fetter och högt bearbetade livsmedel. Här är några tips som har hjälpt mig att hålla min vikt på en vegansk kost i flera år. Till varmrätt äter jag grönsaker; Jag äter bra fett med måtta - ett bra fett som olivolja gör dig inte tjock; Jag tränar regelbundet och lagar mat hemma. Utnyttja!

mättade fetter och högt förädlade livsmedel. Här är några tips som har hjälpt mig att hålla min vikt på en vegansk kost i flera år. Till varmrätt äter jag grönsaker; Jag äter bra fett med måtta - ett bra fett som olivolja gör dig inte tjock; Jag tränar regelbundet och lagar mat hemma. Utnyttja!

mättade fetter och högt förädlade livsmedel. Här är några tips som har hjälpt mig att hålla min vikt på en vegansk kost i flera år. Till varmrätt äter jag grönsaker; Jag äter bra fett med måtta - ett bra fett som olivolja gör dig inte tjock; Jag tränar regelbundet och lagar mat hemma. Utnyttja!

Morots energibollar

(Färdig på cirka 10 minuter + kylningstid | 8 serveringar)

Per portion: Kalorier: 495; Fett: 21,1 g; Kolhydrater: 58,4g; Protein: 22,1g

Ingredienser

1 stor morot, riven morot

1 ½ dl gammaldags havregryn

1 dl russin

1 dl urkärnade dadlar

1 dl kokosflingor

1/4 tsk mald kryddnejlika

1/2 tsk mald kanel

Adresser

Bearbeta alla ingredienser i din matberedare tills de är slät och kladdig.

Forma lika stora bollar av degen.

Ställ i kylen fram till servering. Njut av maten!

Krispiga sötpotatisbitar

(Färdig på cirka 25 minuter + kyltid | För 4 personer)

Per portion: Kalorier: 215; Fett: 4,5 g; Kolhydrater: 35g; Protein: 8,7g

Ingredienser

4 sötpotatisar, skalade och rivna

2 chiaägg

1/4 kopp näringsjäst

2 matskedar tahini

2 msk kikärtsmjöl

1 tsk schalottenlökpulver

1 tsk vitlökspulver

1 tsk paprika

Havssalt och mald svartpeppar efter smak

Adresser

Börja med att förvärma ugnen till 395 grader F. Klä en plåt med bakplåtspapper eller Silpatmattor.

Blanda alla ingredienser väl tills allt är väl blandat.

Rulla degen till jämna bollar och ställ dem i kylen i ca 1 timme.

Grädda dessa bollar i cirka 25 minuter, vänd dem halvvägs igenom. Njut av maten!

Rostade glaserade babymorötter

(Färdig på cirka 30 minuter | För 6 personer)

Per portion: Kalorier: 165; Fett: 10,1 g; Kolhydrater: 16,5g; Protein: 1,4g

Ingredienser

2 pund babymorötter

1/4 kopp olivolja

1/4 kopp äppelcidervinäger

1/2 tsk röd paprikaflingor

Havssalt och nymalen svartpeppar efter smak

1 msk agavesirap

2 msk sojasås

1 msk färsk koriander, hackad

Adresser

Börja med att förvärma ugnen till 395 grader F.

Kasta sedan morötterna med olivolja, vinäger, rödpeppar, salt, svartpeppar, agavesirap och sojasås.

Rosta morötterna i cirka 30 minuter, rotera pannan en eller två gånger. Garnera med färsk koriander och servera. Njut av maten!

Bakade grönkålschips

(Färdig på cirka 20 minuter | För 8 personer)

Per portion: Kalorier: 65; Fett: 3,9 g; Kolhydrater: 5,3g; Protein: 2,4g

Ingredienser

2 knippen grönkål, bladen separerade

2 matskedar olivolja

1/2 tsk senapsfrön

1/2 tsk sellerifrön

1/2 tsk torkad oregano

1/4 tsk malen spiskummin

1 tsk vitlökspulver

Grovt havssalt och mald svartpeppar efter smak

Adresser

Börja med att förvärma ugnen till 340 grader F. Klä en plåt med bakplåtspapper eller Silpat Mar.

Kasta grönkålsblad med resterande ingredienser tills de är väl täckta.

Grädda i den förvärmda ugnen i cirka 13 minuter, vänd på pannan en eller två gånger. Njut av maten!

Cashew ostdipp

(Färdig på cirka 10 minuter | För 8 personer)

Per portion: Kalorier: 115; Fett: 8,6 g; Kolhydrater: 6,6g; Protein: 4,4g

Ingredienser

1 kopp råa cashewnötter

1 färskpressad citron

2 matskedar tahini

2 msk näringsjäst

1/2 tsk gurkmejapulver

1/2 tsk krossade rödpepparflingor

Havssalt och mald svartpeppar efter smak

Adresser

Lägg alla ingredienser i skålen på din matberedare. Mixa till en slät, krämig och slät. Vid behov kan du tillsätta lite vatten för att späda ut.

Häll din sås i en serveringsskål. Servera dem med grönsaksstavar, chips eller kex.

Njut av maten!

Hummuspeppardipp

(Färdigt på cirka 10 minuter | För 10 personer)

Per portion: Kalorier: 155; Fett: 7,9 g; Kolhydrater: 17,4g; Protein: 5,9g

Ingredienser

20 uns konserverade eller kokta kikärtor, avrunna

1/4 kopp tahini

2 hackade vitlöksklyftor

2 msk färskpressad citronsaft

1/2 kopp flytande kikärter

2 rostade röda paprikor, urkärnade och skivade

1/2 tsk paprika

1 tsk torkad basilika

Havssalt och mald svartpeppar efter smak

2 matskedar olivolja

Adresser

Mixa alla ingredienser utom olja i din mixer eller matberedare tills önskad konsistens uppnås.

Ställ i kylen fram till servering.

Servera med rostade pitabrödskivor eller potatischips om så önskas. Njut av maten!

traditionell libanesisk mutabal

(Färdig på cirka 10 minuter | För 6 personer)

Per portion: Kalorier: 115; Fett: 7,8 g; Kolhydrater: 9,8g; Protein: 2,9g

Ingredienser

1 pund aubergine

1 hackad lök

1 msk vitlökspasta

4 matskedar tahini

1 msk kokosolja

2 msk citronsaft

1/2 tsk mald koriander

1/4 kopp mald kryddnejlika

1 tsk röd paprikaflingor

1 tsk rökt paprika

Havssalt och mald svartpeppar efter smak

Adresser

Grilla aubergine tills skalet svartnar; Skala auberginen och lägg den i skålen på din matberedare.

Tillsätt resterande ingredienser. Blanda tills allt är väl införlivat.

Servera med crostini eller tunnbröd om så önskas. Njut av maten!

Indiska rostade kikärter

(Färdig på cirka 10 minuter | För 8 personer)

Per portion: Kalorier: 223; Fett: 6,4 g; Kolhydrater: 32,2g; Protein: 10,4g

Ingredienser

2 dl konserverade kikärtor, avrunna

2 matskedar olivolja

1/2 tsk vitlökspulver

1/2 tsk paprika

1 tsk currypulver

1 tsk garam masala

Havssalt och rödpeppar efter smak

Adresser

Klappa kikärtorna torra med hushållspapper. Ringla över kikärtorna med olivolja.

Rosta kikärtorna i en förvärmd ugn på 200 grader Celsius i cirka 25 minuter, rör om en eller två gånger.

Blanda kikärtorna med kryddorna och njut!

Avokado med tahinisås

(Färdig på cirka 10 minuter | För 4 personer)

Per portion: Kalorier: 304; Fett: 25,7 g; Kolhydrater: 17,6g; Protein: 6g

Ingredienser

2 stora avokado, urkärnade och halverade

4 matskedar tahini

4 matskedar sojasås

1 msk citronsaft

1/2 tsk röd paprikaflingor

Havssalt och mald svartpeppar efter smak

1 tsk vitlökspulver

Adresser

Lägg avokadohalvorna på ett serveringsfat.

Blanda tahini, sojasås, citronsaft, rödpeppar, salt, svartpeppar och vitlökspulver i en liten skål. Fördela såsen över avokadohalvorna.

Njut av maten!

Sötpotatisbitar

(Färdig på cirka 25 minuter + kyltid | För 4 personer)

Per portion: Kalorier: 232; Fett: 7,1 g; Kolhydrater: 37g; Protein: 8,4g

Ingredienser

1 ½ pund sötpotatis, riven

2 chiaägg

1/2 kopp vanligt mjöl

1/2 kopp ströbröd

3 matskedar hummus

Havssalt och svartpeppar efter smak.

1 msk olivolja

1/2 kopp salsa

Adresser

Börja med att förvärma ugnen till 395 grader F. Klä en plåt med bakplåtspapper eller Silpatmattor.

Blanda alla ingredienser utom såsen tills allt är väl blandat.

Rulla degen till jämna bollar och ställ dem i kylen i ca 1 timme.

Grädda dessa bollar i cirka 25 minuter, vänd dem halvvägs igenom. Njut av maten!

Dipp gjord av rostad paprika och tomater

(Färdigt på cirka 35 minuter | För 10 personer)

Per portion: Kalorier: 90; Fett: 5,7 g; Kolhydrater: 8,5 g;
Protein: 1,9 g

Ingredienser

4 röda paprika

4 tomater

4 matskedar olivolja

1 hackad rödlök

4 vitlöksklyftor

4 uns konserverade kikärter, avrunna

Havssalt och mald svartpeppar efter smak

Adresser

Börja med att förvärma ugnen till 400 grader F.

Lägg paprikan och tomaterna på en bakplåtspappersklädd plåt. Grädda i ca 30 minuter; Skala paprikorna och lägg dem i din matberedare tillsammans med de rostade tomaterna.

Värm under tiden 2 matskedar olivolja i en stekpanna på medelhög värme. Fräs lök och vitlök tills den mjuknat, ca 5 minuter.

Tillsätt de sauterade grönsakerna i din matberedare. Tillsätt kikärter, salt, peppar och återstående olivolja; Mixa tills det är krämigt och slätt.

Njut av maten!

klassisk festmix

(Färdig på cirka 1 timme och 5 minuter | Serverar 15)

Per portion: Kalorier: 290; Fett: 12,2g; Kolhydrater: 39g; Protein: 7,5 g

Ingredienser

5 koppar vegansk majsgranola

3 dl veganska minikringlor

1 dl rostad mandel

1/2 kopp rostade pumpafrön

1 msk näringsjäst

1 msk balsamvinäger

1 msk sojasås

1 tsk vitlökspulver

1/3 kopp veganskt smör

Adresser

Börja med att förvärma ugnen till 250 grader F. Klä en stor plåt med bakplåtspapper eller en Silpatmatta.

Blanda müsli, kringlor, mandel och pumpafrön i en serveringsskål.

Smält resterande ingredienser i en liten kastrull på medelvärme. Häll såsen över spannmåls- och nötblandningen.

Grädda i ca 1 timme, rör om var 15:e minut, tills de är gyllenbruna och doftar. Lägg över till ett galler för att svalna helt. Njut av maten!

Crostini med vitlök och olivolja

(Färdig på cirka 10 minuter | För 4 personer)

Per portion: Kalorier: 289; Fett: 8,2g; Kolhydrater: 44,9g; Protein: 9,5g

Ingredienser

1 fullkornsbaguette, skivad

4 matskedar extra virgin olivolja

1/2 tsk havssalt

3 vitlöksklyftor, halverade

Adresser

Förvärm din grill.

Pensla varje brödskiva med olivolja och strö över fleur de sel. Placera under den förvärmda grillen tills de är lätt förkolnade, ca 2 minuter.

Gnid in varje brödskiva med vitlöken och servera. Njut av maten!

Klassiska veganska köttbullar

(Färdig på cirka 15 minuter | För 4 personer)

Per portion: Kalorier: 159; Fett: 9,2g; Kolhydrater: 16,3g; Protein: 2,9g

Ingredienser

1 kopp brunt ris, kokt och kylt

1 kopp konserverade eller kokta kidneybönor, avrunna

1 tsk finhackad färsk vitlök

1 liten hackad lök

Havssalt och mald svartpeppar efter smak

1/2 tsk cayennepeppar

1/2 tsk rökt paprikapulver

1/2 tsk korianderfrön

1/2 tsk koriandersenapsfrön

2 matskedar olivolja

Adresser

Blanda alla ingredienser utom olivoljan väl i en skål.
Blanda väl och forma sedan jämna bollar med dina
oljade händer.

Värm sedan upp olivoljan i en non-stick panna på
medelvärme. När köttbullarna är varma, stek dem tills
de fått färg på alla sidor, cirka 10 minuter.

Servera med cocktailpinnar och njut!

Palsternacka rostad med balsamvinäger

(Färdig på cirka 30 minuter | För 6 personer)

Per portion: Kalorier: 174; Fett: 9,3 g; Kolhydrater: 22,2g; Protein: 1,4g

Ingredienser

1 ½ pund palsternacka, skuren i tändstickor

1/4 kopp olivolja

1/4 kopp balsamvinäger

1 tsk dijonsenap

1 tsk fänkålsfrön

Havssalt och mald svartpeppar efter smak

1 tsk medelhavskryddblandning

Adresser

Blanda alla ingredienser i en mixerskål tills palsternackorna är väl täckta.

Rosta palsternackan i en förvärmd ugn på 200°C i cirka 30 minuter, rör om halvvägs genom tillagningstiden.

Servera i rumstemperatur och njut!

traditionell baba ganoush

(Färdig på cirka 25 minuter | För 8 personer)

Per portion: Kalorier: 104; Fett: 8,2g; Kolhydrater: 5,3g; Protein: 1,6g

Ingredienser

1 pund aubergine, skivad

1 tsk grovt havssalt

3 matskedar olivolja

3 matskedar färsk citronsaft

2 hackade vitlöksklyftor

3 matskedar tahini

1/4 tsk mald kryddnejlika

1/2 tsk malen spiskummin

2 msk hackad färsk persilja

Adresser

Gnid in havssaltet på aubergineskivorna. Lägg den sedan i en sil och låt den stå i ca 15 minuter; Låt rinna av, skölj och torka av med hushållspapper.

Grilla aubergine tills skalet svartnar; Skala auberginen och lägg den i skålen på din matberedare.

Tillsätt olivolja, limejuice, vitlök, tahini, kryddnejlika och spiskummin. Blanda tills allt är väl införlivat.

Dekorera med färska bladpersilja och njut!

Jordnötssmör biter

(Färdig på cirka 5 minuter | För 2 personer)

Per portion: Kalorier: 143; Fett: 3,9 g; Kolhydrater: 26,3g; Protein: 2,6g

Ingredienser

8 färska dadlar, urkärnade och halverade

8 tsk jordnötssmör

1/4 tsk mald kanel

Adresser

Bred ut jordnötssmöret på dadelhalvorna.

Strö över kanel och servera genast. Njut av maten!

Rostad blomkålsdipp

(Färdig på cirka 30 minuter | För 7 personer)

Per portion: Kalorier: 142; Fett: 12,5g; Kolhydrater: 6,3 g; Protein: 2,9g

Ingredienser

 1 pund blomkålsbuketter

 1/4 kopp olivolja

 4 matskedar tahini

 1/2 tsk paprika

 Havssalt och mald svartpeppar efter smak

 2 msk färsk limejuice

 2 hackade vitlöksklyftor

Adresser

Värm först ugnen till 200°C. Blanda blomkålsbuketterna med olivoljan och lägg dem på en bakplåtspappersklädd plåt.

Grädda i ca 25 minuter eller tills de är mjuka.

Mosa sedan blomkålen med resterande ingredienser och tillsätt kokvätska efter behov.

Ringla över lite extra olivolja om så önskas. Njut av maten!

Enkla zucchinirullar

(Färdig på cirka 10 minuter | För 5 personer)

Per portion: Kalorier: 99; Fett: 4,4g; Kolhydrater: 12,1g; Protein: 3,1g

Ingredienser

1 dl hummus, gärna hemmagjord

1 medelstor hackad tomat

1 tsk senap

1/4 tsk oregano

1/2 tsk cayennepeppar

Havssalt och mald svartpeppar efter smak

1 stor zucchini, skuren i strimlor

2 msk hackad färsk basilika

2 msk hackad färsk persilja

Adresser

Blanda hummus, tomat, senap, oregano, cayennepeppar, salt och svartpeppar i en skål tills det är väl blandat.

Bred ut fyllningen på zucchinistrimlorna och fördela jämnt. Rulla ihop zucchinin och garnera med färsk basilika och persilja.

Njut av maten!

Chipotle pommes frites

(Färdig på cirka 45 minuter | För 4 personer)

Per portion: Kalorier: 186; Fett: 7,1 g; Kolhydrater: 29,6g; Protein: 2,5g

Ingredienser

4 medelstora sötpotatisar, skalade och skurna i stavar

2 msk jordnötsolja

Havssalt och mald svartpeppar efter smak

1 tsk chipotlepepparpulver

1/4 tsk mald kryddpeppar

1 tsk farinsocker

1 tsk torkad rosmarin

Adresser

Blanda sötpotatisfritesen med resterande ingredienser.

Grädda dina pommes frites i cirka 45 minuter eller tills de är gyllenbruna. Var noga med att röra pommes fritesen en eller två gånger.

Servera med din favoritdipp om så önskas. Njut av maten!

Cannellini bönadip

(Färdig på cirka 10 minuter | För 6 personer)

Per portion: Kalorier: 123; Fett: 4,5 g; Kolhydrater: 15,6g; Protein: 5,6g

Ingredienser

10 uns cannellinibönor på burk, avrunna

1 finhackad vitlöksklyfta

2 rostade paprika, skivade

Nymalen svart havspeppar efter smak

1/2 tsk malen spiskummin

1/2 tsk senapsfrön

1/2 tsk malda lagerblad

3 matskedar tahini

2 msk färsk italiensk persilja, hackad

Adresser

Lägg alla ingredienser utom persiljan i skålen på din mixer eller matberedare. Puré tills allt är väl blandat.

Häll såsen i en serveringsskål och garnera med färsk persilja.

Servera med pitablyftor, tortillachips eller grönsaksstavar om så önskas. Njut av!

Kryddad rostad blomkål

(Färdig på cirka 25 minuter | 6 portioner)

Per portion: Kalorier: 115; Fett: 9,3 g; Kolhydrater: 6,9 g; Protein: 5,6g

Ingredienser

1 ½ pund blomkålsbuketter

1/4 kopp olivolja

4 matskedar äppelcidervinäger

2 vitlöksklyftor, pressade

1 tsk torkad basilika

1 tsk torkad oregano

Havssalt och mald svartpeppar efter smak

Adresser

Börja med att förvärma ugnen till 420 grader F.

Blanda blomkålsbuketter med resterande ingredienser.

Lägg blomkålsbuketterna på en plåt med bakplåtspapper. Grädda blomkålsbuketterna i den förvärmda ugnen i cirka 25 minuter eller tills de är lätt förkolnade.

Njut av maten!

Enkel libanesisk Toum

(Färdig på cirka 10 minuter | För 6 personer)

Per portion: Kalorier: 252; Fett: 27g; Kolhydrater: 3,1g;
Protein: 0,4g

Ingredienser

2 vitlöksklyftor

1 tsk grovt havssalt

1½ kopp olivolja

1 färskpressad citron

2 dl morötter, skurna i strimlor

Adresser

Purea vitlöksklyftorna och saltet i en matberedare eller snabbmixer tills de är krämiga och slät, skrapa sidan av skålen allt eftersom.

Tillsätt gradvis olivolja och citronsaft, varva dessa två ingredienser tills du får en skummande sås.

Rör om tills såsen tjocknar. Servera med morotsstavar och njut!

Avokado med kryddig ingefäravinägrett

(Färdig på cirka 10 minuter | För 4 personer)

Per portion: Kalorier: 295; Fett: 28,2g; Kolhydrater: 11,3g; Protein: 2,3g

Ingredienser

2 avokado, urkärnade och halverade

1 vitlöksklyfta, pressad

1 tsk färsk ingefära, skalad och hackad

2 msk balsamvinäger

4 matskedar extra virgin olivolja

Kosher salt och mald svartpeppar efter smak

Adresser

Lägg avokadohalvorna på ett serveringsfat.

Blanda vitlök, ingefära, vinäger, olivolja, salt och svartpeppar i en liten skål. Fördela såsen över avokadohalvorna.

Njut av maten!

Kikärtssnackmix

(Färdig på cirka 30 minuter | För 8 personer)

Per portion: Kalorier: 109; Fett: 7,9 g; Kolhydrater: 7,4g; Protein: 3,4g

Ingredienser

1 dl rostade kikärtor, avrunna

2 msk smält kokosolja

1/4 kopp råa pumpafrön

1/4 kopp råa valnötshalvor

1/3 kopp torkade körsbär

Adresser

Klappa kikärtorna torra med hushållspapper. Ringla kokosolja över kikärtorna.

Rosta kikärtorna i en förvärmd 350°F ugn i cirka 20 minuter, rör om en eller två gånger.

Blanda kikärtorna med pumpafrön och valnötshalvor. Fortsätt koka tills nötterna doftar, cirka 8 minuter; låt svalna helt.

Tillsätt de torkade körsbären och rör om. Njut av maten!

Muhammarasås omtolkad

(Färdig på cirka 35 minuter | För 9 personer)

Per portion: Kalorier: 149; Fett: 11,5 g; Kolhydrater: 8,9 g; Protein: 2,4g

Ingredienser

3 röda paprika

5 matskedar olivolja

2 hackade vitlöksklyftor

1 hackad tomat

3/4 kopp ströbröd

2 matskedar melass

1 tsk malen spiskummin

1/4 rostade solrosfrön

1 Maras-peppar, hackad

2 matskedar tahini

Havssalt och rödpeppar efter smak

Adresser

Börja med att förvärma ugnen till 400 grader F.

Lägg paprikorna på en plåt klädd med bakplåtspapper. Grädda i ca 30 minuter; Skala paprikorna och lägg dem i din matberedare.

Värm under tiden 2 matskedar olivolja i en stekpanna på medelhög värme. Fräs vitlök och tomater tills de mjuknat, ca 5 minuter.

Tillsätt de sauterade grönsakerna i din matberedare. Tillsätt resten av ingredienserna och blanda tills det blir krämigt och slätt.

Njut av maten!

Spenat-, kikärts- och vitlökscrostini

(Färdig på cirka 10 minuter | För 6 personer)

Per portion: Kalorier: 242; Fett: 6,1 g; Kolhydrater: 38,5g; Protein: 8,9 g

Ingredienser

1 baguette, skivad

4 matskedar extra virgin olivolja

Havssalt och röd peppar till smaksättning

3 vitlöksklyftor, hackade

1 dl kokta kikärter, avrunna

2 dl spenat

1 msk färsk citronsaft

Adresser

Förvärm din grill.

Pensla brödskivorna med 2 msk olivolja och strö över havssalt och rödpeppar. Placera under den förvärmda grillen tills de är lätt förkolnade, ca 2 minuter.

Blanda vitlök, kikärter, spenat, citronsaft och resterande 2 msk olivolja i en skål tills det är väl blandat.

Häll kikärtsblandningen över varje rostat bröd. Njut av maten!

Köttbullar med champinjoner och cannellinibönor

(Färdig på cirka 15 minuter | För 4 personer)

Per portion: Kalorier: 195; Fett: 14,1g; Kolhydrater: 13,2g; Protein: 3,9 g

Ingredienser

4 matskedar olivolja

1 dl hackad svamp

1 schalottenlök, hackad

2 pressade vitlöksklyftor

1 kopp konserverade eller kokta cannellinibönor, avrunna

1 kopp kokt quinoa

Havssalt och mald svartpeppar efter smak

1 tsk rökt paprikapulver

1/2 tsk röd paprikaflingor

1 tsk senapsfrön

1/2 tsk torkad dill

Adresser

Hetta upp 2 matskedar olivolja i en non-stick panna. När de är varma, koka svampen och schalottenlöken i 3 minuter eller tills de är mjuka.

Tillsätt vitlök, bönor, quinoa och kryddor. Blanda väl och forma sedan jämna bollar med dina oljade händer.

Värm sedan de återstående 2 msk olivolja i en nonstick-panna på medelhög värme. När köttbullarna är varma, stek dem tills de fått färg på alla sidor, cirka 10 minuter.

Servera med cocktailpinnar. Njut av maten!

Gurkringar med hummus

(Färdig på cirka 10 minuter | För 6 personer)

Per portion: Kalorier: 88; Fett: 3,6 g; Kolhydrater: 11,3g; Protein: 2,6g

Ingredienser

1 dl hummus, gärna hemmagjord

2 stora tomater, tärnade

1/2 tsk röd paprikaflingor

Havssalt och mald svartpeppar efter smak

2 engelska gurkor, skivade

Adresser

Fördela hummusdippen över gurkskivorna.

Toppa med tomater; Strö rödpepparflingor, salt och svartpeppar över varje gurka.

Servera kyld och njut!

Fyllda Jalapeño Bites

(Färdig på cirka 15 minuter | För 6 personer)

Per portion: Kalorier: 108; Fett: 6,6 g; Kolhydrater: 7,3 g; Protein: 5,3g

Ingredienser

1/2 kopp råa solrosfrön, blötlagda över natten och avrunna

4 msk hackad gräslök

1 tsk finhackad vitlök

3 matskedar näringsjäst

1/2 dl lökkräm

1/2 tsk cayennepeppar

1/2 tsk senapsfrön

12 jalapeños, halverade och kärnade

1/2 kopp ströbröd

Adresser

Blanda de råa solrosfröna, salladslöken, vitlöken, näringsjästen, soppan, cayennepeppar och senapsfrön i din matberedare eller höghastighetsmixer tills de blir fluffiga. Blanda väl.

Häll blandningen i jalapeños och täck med ströbröd.

Grädda i förvärmd ugn på 200°C i ca 13 minuter eller tills paprikorna är mjuka. Servera varm.

Njut av maten!

Mexikanska lökringar

(Färdig på cirka 35 minuter | För 6 personer)

Per portion: Kalorier: 213; Fett: 10,6 g; Kolhydrater: 26,2g; Protein: 4,3g

Ingredienser

2 medelstora lökar, skivade

1/4 kopp universalmjöl

1/4 kopp dinkelmjöl

1/3 kopp rismjölk, osötad

1/3 kopp öl

Havssalt och mald svartpeppar till smaksättning

1/2 tsk cayennepeppar

1/2 tsk senapsfrön

1 dl tortillachips, krossade

1 msk olivolja

Adresser

Börja med att förvärma ugnen till 420 grader F.

I en grund skål, rör ihop mjöl, mjölk och öl.

Blanda kryddorna med de krossade tortillachipsen i en annan grund skål. Doppa lökringarna i mjölblandningen.

Rulla dem sedan i kryddblandningen och tryck ner dem så att de täcks väl.

Lägg lökringarna på en bakplåtspappersklädd plåt. Pensla med olivolja och grädda i ca 30 minuter. Njut av maten!

Rostade grönsaksrötter

(Färdig på cirka 35 minuter | För 6 personer)

Per portion: Kalorier: 261; Fett: 18,2g; Kolhydrater: 23,3g; Protein: 2,3g

Ingredienser

1/4 kopp olivolja

2 morötter, skalade och skurna i 1 ½ tums bitar

2 palsternacka, skalade och skär i 3,5 cm stora bitar

1 stjälk selleri, skalad och skuren i 1 ½ tums bitar

1 pund sötpotatis, skalad och skuren i 1 ½ tums bitar

1/4 kopp olivolja

1 tsk senapsfrön

1/2 tsk basilika

1/2 tsk oregano

1 tsk röd paprikaflingor

1 tsk torkad timjan

Havssalt och mald svartpeppar efter smak

Adresser

Blanda grönsakerna med resten av ingredienserna tills de är väl täckta.

Rosta grönsakerna i en förvärmd ugn vid 400 grader F i cirka 35 minuter, rör om halvvägs genom tillagningstiden.

Smaka av, krydda och servera varm. Njut av maten!

Indisk hummus dip

(Färdigt på cirka 10 minuter | För 10 personer)

Per portion: Kalorier: 171; Fett: 10,4 g; Kolhydrater: 15,3g; Protein: 5,4g

Ingredienser

20 uns konserverade eller kokta kikärtor, avrunna

1 tsk finhackad vitlök

1/4 kopp tahini

1/4 kopp olivolja

1 färskpressad lime

1/4 tsk gurkmeja

1/2 tsk malen spiskummin

1 tsk currypulver

1 tsk korianderfrön

1/4 kopp flytande kikärter, eller mer efter behov

2 matskedar färsk koriander, hackad

Adresser

Mosa kikärtorna, vitlöken, tahini, olivolja, lime, gurkmeja, spiskummin, currypulver och korianderfrön i din mixer eller matberedare.

Blanda till önskad konsistens och tillsätt gradvis kikärtsvätskan.

Ställ i kylen fram till servering. Garnera med färsk koriander.

Servera med naanbröd eller grönsaksstavar om så önskas. Njut av maten!

Morot och rostad böndipp

(Färdigt på cirka 55 minuter | För 10 personer)

Per portion: Kalorier: 121; Fett: 8,3 g; Kolhydrater: 11,2g; Protein: 2,8g

Ingredienser

1 ½ pund morötter, hackade

2 matskedar olivolja

4 matskedar tahini

8 uns cannellinibönor, avrunna

1 tsk finhackad vitlök

2 msk citronsaft

2 msk sojasås

Havssalt och mald svartpeppar efter smak

1/2 tsk paprika

1/2 tsk torkad dill

1/4 kopp rostade pumpafrön

Adresser

Börja med att förvärma ugnen till 390 grader F. Klä en plåt med bakplåtspapper.

Blanda nu morötterna med olivoljan och lägg dem på den förberedda bakplåten.

Rosta morötterna i cirka 50 minuter eller tills de är mjuka. Lägg de rostade morötterna i skålen på din matberedare.

Tillsätt tahini, bönor, vitlök, citronsaft, sojasås, salt, svartpeppar, paprika och dill. Mixa tills din sås är slät och krämig.

Garnera med rostade pumpafrön och servera med valfria grytor. Njut av maten!

Snabb och enkel zucchini sushi

(Färdig på cirka 10 minuter | För 5 personer)

Per portion: Kalorier: 129; Fett: 6,3 g; Kolhydrater: 15,9 g; Protein: 2,5g

Ingredienser

1 kopp kokt ris

1 riven morot

1 liten riven lök

1 avokado, hackad

1 finhackad vitlöksklyfta

Havssalt och mald svartpeppar efter smak

1 medelstor zucchini, skuren i strimlor

Wasabisås till servering

Adresser

I en skål, blanda ris, morot, lök, avokado, vitlök, salt och svartpeppar tills det är väl blandat.

Bred ut fyllningen på zucchinistrimlorna och fördela jämnt. Rulla zucchinin och servera med wasabisås.

Njut av maten!

Körsbärstomater med hummus

(Färdig på cirka 10 minuter | För 8 personer)

Per portion: Kalorier: 49; Fett: 2,5 g; Kolhydrater: 4,7g; Protein: 1,3g

Ingredienser

1/2 dl hummus, gärna hemmagjord

2 msk vegansk majonnäs

1/4 kopp hackad gräslök

16 körsbärstomater, ta bort fruktköttet

2 msk hackad färsk koriander

Adresser

Blanda hummus, majonnäs och gräslök väl i en skål.

Fördela hummusblandningen över tomaterna. Garnera med färsk koriander och servera.

Njut av maten!

Svamp rostad i ugnen

(Färdig på cirka 20 minuter | För 4 personer)

Per portion: Kalorier: 136; Fett: 10,5 g; Kolhydrater: 7,6g; Protein: 5,6g

Ingredienser

1 ½ pund svamp, rensad

3 matskedar olivolja

3 vitlöksklyftor, hackade

1 tsk torkad oregano

1 tsk torkad basilika

1/2 tsk torkad rosmarin

Kosher salt och mald svartpeppar efter smak

Adresser

Blanda svampen med resterande ingredienser.

Lägg upp svampen på en plåt med bakplåtspapper.

Grädda svampen i en förvärmd ugn på 200°C i cirka 20 minuter eller tills den är mjuk och doftande.

Lägg upp svampen på ett fat och servera med cocktailstavar. Njut av maten!

ostliknande grönkålschips

(Färdig om ca 1h30 | För 6 personer)

Per portion: Kalorier: 121; Fett: 7,5 g; Kolhydrater: 8,4g; Protein: 6,5g

Ingredienser

1/2 kopp solrosfrön, blötlagda över natten och avrunna

1/2 kopp cashewnötter, blötlagda över natten och avrunna

1/3 kopp näringsjäst

2 msk citronsaft

1 tsk lökpulver

1 tsk vitlökspulver

1 tsk paprika

Havssalt och mald svartpeppar efter smak

1/2 kopp vatten

4 dl grönkål, skuren i bitar

Adresser

I din matberedare eller snabbmixer, kombinera de råa solrosfröna, cashewnötterna, näringsjästen, citronsaften, lökpulver, vitlökspulver, paprika, salt, mald svartpeppar och vatten tills det är väl blandat.

Häll blandningen över grönkålsbladen och rör om tills det är väl täckt.

Grädda i en förvärmd ugn vid 420 grader F i cirka 1 timme och 30 minuter eller tills den är knaprig.

Njut av maten!

Avokadobåtar med hummus

(Färdig på cirka 10 minuter | För 4 personer)

Per portion: Kalorier: 297; Fett: 21,2g; Kolhydrater: 23,9 g; Protein: 6g

Ingredienser

1 msk färsk citronsaft

2 mogna avokado, halverade och urkärnade

8 uns hummus

1 finhackad vitlöksklyfta

1 medelstor hackad tomat

Havssalt och mald svartpeppar efter smak

1/2 tsk gurkmejapulver

1/2 tsk cayennepeppar

1 matsked tahini

Adresser

Ringla avokadohalvorna med färsk citronsaft.

Blanda hummus, vitlök, tomat, salt, svartpeppar, gurkmejapulver, cayennepeppar och tahini. Häll fyllningen i din avokado.

Servera omedelbart.

Nacho fyllda svampar

(Färdig på cirka 25 minuter | För 5 personer)

Per portion: Kalorier: 210; Fett: 13,4g; Kolhydrater: 17,7g; Protein: 6,9g

Ingredienser

1 dl tortillachips, krossade

1 kopp kokta eller konserverade svarta bönor, avrunna

4 msk veganskt smör

2 matskedar tahini

4 msk hackad gräslök

1 tsk finhackad vitlök

1 hackad jalapeno

1 tsk mexikansk oregano

1 tsk cayennepeppar

Havssalt och mald svartpeppar efter smak

15 medelstora svampar, rena, utan stjälkar

Adresser

Blanda alla ingredienser utom svampen väl i en mixerskål.

Fördela nachoblandningen mellan dina svampar.

Grädda i en förvärmd ugn på 350 grader F i cirka 20 minuter eller tills de är mjuka och genomstekta. Njut av maten!

Salladswraps med hummus och avokado

(Färdig på cirka 10 minuter | För 6 personer)

Per portion: Kalorier: 115; Fett: 6,9 g; Kolhydrater: 11,6g; Protein: 2,6g

Ingredienser

 1/2 kopp hummus

 1 hackad tomat

 1 riven morot

 1 medelstor avokado, urkärnad och tärnad

 1 tsk vit vinäger

 1 tsk sojasås

 1 tsk agavesirap

 1 msk Srirachasås

1 tsk finhackad vitlök

1 tsk nyriven ingefära

Kosher salt och mald svartpeppar efter smak

1 huvud sallad, skuren i blad

Adresser

Blanda hummus, tomat, morot och avokado väl. Blanda samman vit vinäger, sojasås, agavesirap, Srirachasås, vitlök, ingefära, salt och svartpeppar.

Bred ut fyllningen på salladsbladen, rulla ihop och servera med såsen som tillbehör.

Njut av maten!

Rostad brysselkål

(Färdig på cirka 35 minuter | För 6 personer)

Per portion: Kalorier: 151; Fett: 9,6 g; Kolhydrater: 14,5g; Protein: 5,3g

Ingredienser

2 pund brysselkål

1/4 kopp olivolja

Grovt havssalt och mald svartpeppar efter smak

1 tsk röd paprikaflingor

1 tsk torkad oregano

1 tsk torkad persilja

1 tsk senapsfrön

Adresser

Kasta brysselkålen med de återstående ingredienserna tills de är väl belagda.

Rosta grönsakerna i en förvärmd ugn vid 400 grader F i cirka 35 minuter, rör om halvvägs genom tillagningstiden.

Smaka av, krydda och servera varm. Njut av maten!

Poblano Sweet Potato Poppers

(Färdig på cirka 25 minuter | För 7 personer)

Per portion: Kalorier: 145; Fett: 3,6 g; Kolhydrater: 24,9 g; Protein: 5,3g

Ingredienser

1/2 pund blomkål, rensad och tärnad

1 pund sötpotatis, skalad och tärnad

1/2 kopp cashewmjölk, osötad

1/4 kopp vegansk majonnäs

1/2 tsk currypulver

1/2 tsk cayennepeppar

1/4 tsk torkad dill

Hav och mald svartpeppar efter smak

1/2 kopp färskt ströbröd

14 färska poblano-peppar, halverade, kärnade

Adresser

Ångkoka blomkål och sötpotatis tills de är mjuka, cirka 10 minuter. Mosa nu med cashewmjölken.

Tillsätt vegansk majonnäs, currypulver, cayennepeppar, dill, salt och svartpeppar.

Häll blandningen över paprikan och täck med ströbröd.

Grädda i förvärmd ugn på 200°C i ca 13 minuter eller tills paprikorna är mjuka.

Njut av maten!

Bakade zucchinichips

(Färdig på ca 1h30 | 7 portioner)

Per portion: Kalorier: 48; Fett: 4,2g; Kolhydrater: 2g; Protein: 1,7g

Ingredienser

1 pund zucchini, skuren i 1/8-tums tjocka skivor

2 matskedar olivolja

1/2 tsk torkad oregano

1/2 tsk torkad basilika

1/2 tsk röd paprikaflingor

Havssalt och mald svartpeppar efter smak

Adresser

Blanda zucchinin med resterande ingredienser.

Lägg zucchiniskivorna i ett enda lager på en plåt klädd med bakplåtspapper.

Grädda i 435 grader F tills den är krispig och gyllenbrun, cirka 90 minuter. Zucchinichipsen blir krispiga när de svalnar.

Njut av maten!

äkta libanesisk sås

(Färdig på cirka 10 minuter | För 12 personer)

Per portion: Kalorier: 117; Fett: 6,6 g; Kolhydrater: 12,2g; Protein: 4,3g

Ingredienser

2 (15 ounce) burkar garbanzobönor/garbanzobönor

4 matskedar citronsaft

4 matskedar tahini

2 matskedar olivolja

1 tsk ingefära vitlökspasta

1 tesked libanesisk 7-kryddblandning

Havssalt och mald svartpeppar efter smak

1/3 kopp flytande kikärter

Adresser

Mosa kikärtorna, citronsaften, tahinin, olivolja, ingefära-vitlökspasta och kryddorna i din mixer eller matberedare.

Blanda till önskad konsistens och tillsätt gradvis kikärtsvätskan.

Ställ i kylen fram till servering. Servera med grönsaksstavar om så önskas. Njut av maten!

Veganska havregrynsköttbullar

(Färdig på cirka 15 minuter | För 4 personer)

Per portion: Kalorier: 284; Fett: 10,5 g; Kolhydrater: 38,2g; Protein: 10,4g

Ingredienser

1 kopp havregryn

1 kopp kokta eller konserverade kikärter

2 hackade vitlöksklyftor

1 tsk lökpulver

1/2 tsk malen spiskummin

1 tsk torkade persiljeflingor

1 tsk torkad mejram

1 msk chiafrön blötlagda i 2 msk vatten

Några doft av flytande rök

Havssalt och nymalen svartpeppar efter smak

2 matskedar olivolja

Adresser

Blanda alla ingredienser väl utom olivoljan. Blanda väl och forma sedan jämna bollar med dina oljade händer.

Värm sedan upp olivoljan i en non-stick panna på medelvärme. När köttbullarna är varma, stek dem tills de fått färg på alla sidor, cirka 10 minuter.

Lägg upp köttbullarna på ett serveringsfat och servera med cocktailstavar. Njut av maten!

Pepparbåtar med mangosås

(Färdig på cirka 5 minuter | För 4 personer)

Per portion: Kalorier: 74; Fett: 0,5 g; Kolhydrater: 17,6g; Protein: 1,6g

Ingredienser

1 mango, skalad, kärnad och skuren i tärningar

1 liten schalottenlök, hackad

2 matskedar färsk koriander, hackad

1 röd paprika, urkärnad och hackad

1 msk färsk citronsaft

4 paprikor, kärnade ur och halverade

Adresser

Blanda mango, schalottenlök, koriander, röd paprika och limesaft väl.

Häll blandningen i paprikahalvorna och servera genast.

Njut av maten!

Rosmarinkryddig broccolibuketter

(Färdig på cirka 35 minuter | För 6 personer)

Per portion: Kalorier: 135; Fett: 9,5 g; Kolhydrater: 10,9 g; Protein: 4,4g

Ingredienser

2 pund broccolibuketter

1/4 kopp extra virgin olivolja

Havssalt och mald svartpeppar efter smak

1 tsk ingefära vitlökspasta

1 msk hackad färsk rosmarin

1/2 tsk citronskal

Adresser

Blanda broccolin med resten av ingredienserna tills den är väl täckt.

Rosta grönsakerna i en förvärmd ugn vid 400 grader F i cirka 35 minuter, rör om halvvägs genom tillagningstiden.

Smaka av, krydda och servera varm. Njut av maten!

Bakade krispiga rödbetschips

(Färdig på cirka 35 minuter | För 6 personer)

Per portion: Kalorier: 92; Fett: 9,1 g; Kolhydrater: 2,6g; Protein: 0,5g

Ingredienser

2 rödbetor, skalade och skurna i 1/4-tums tjocka skivor

1/4 kopp olivolja

Havssalt och mald svartpeppar efter smak

1/2 tsk röd paprikaflingor

Adresser

Blanda rödbetsskivorna med resterande ingredienser.

Lägg rödbetsskivorna i ett enda lager på en plåt klädd med bakplåtspapper.

Grädda i 400 grader Fahrenheit tills de är knapriga, cirka 30 minuter. Njut av maten!

Klassisk linssoppa med mangold

(Färdig på cirka 25 minuter | För 5 personer)

Per portion: Kalorier: 148; Fett: 7,2 g; Kolhydrater: 14,6g;
Protein: 7,7g

Ingredienser

2 matskedar olivolja

1 hackad vitlök

1 tsk finhackad vitlök

2 stora morötter, hackade

1 hackad palsternacka

2 stjälkar selleri hackade

2 lagerblad

1/2 tsk torkad timjan

1/4 tsk malen spiskummin

5 dl rostad grönsaksbuljong

1 ¼ kopp bruna linser, blötlagda över natten och sköljda

2 dl mangold, skuren i bitar

Adresser

Värm olivoljan på medelvärme i en tjockbottnad gryta. Stek nu grönsakerna med kryddorna i ca 3 minuter tills de är mjuka.

Tillsätt grönsaksbuljong och linser tills det kokar. Sänk omedelbart värmen för att sjuda och tillsätt lagerbladen. Koka i cirka 15 minuter eller tills linserna är mjuka.

Tillsätt mangold, täck och låt puttra i ytterligare 5 minuter tills mangolden börjar mjukna.

Servera i individuella skålar och njut!

Kryddig Farro-soppa för vintern

(Färdig på cirka 30 minuter | För 4 personer)

Per portion: Kalorier: 298; Fett: 8,9 g; Kolhydrater: 44,6g; Protein: 11,7g

Ingredienser

2 matskedar olivolja

1 medelstor purjolök, hackad

1 medelstor kålrot, skivad

2 italienska paprikor, urkärnade och hackade

1 jalapenopeppar, hackad

2 potatisar, skalade och tärnade

4 dl grönsaksbuljong

1 kopp farro, sköljd

1/2 tsk granulerad vitlök

1/2 tsk gurkmejapulver

1 vik vik

2 dl spenat, hackad

Adresser

Värm olivoljan på medelvärme i en tjockbottnad gryta. Fräs nu purjolök, rödbetor, paprika och potatis i ca 5 minuter tills de är möra och krispiga.

Tillsätt grönsaksbuljong, farro, granulerad vitlök, gurkmeja och lagerblad; koka upp.

Sänk omedelbart värmen för att få det att sjuda. Koka i cirka 25 minuter eller tills farro och potatis är mjuka.

Tillsätt spenat och ta bort pannan från värmen; Låt spenaten stå i restvärmen tills den vissnar. Njut av maten!

Rainbow Kikärtssallad

(Färdig på cirka 30 minuter | För 4 personer)

Per portion: Kalorier: 378; Fett: 24g; Kolhydrater: 34,2g; Protein: 10,1g

Ingredienser

16 uns konserverade kikärter, avrunna

1 medelstor avokado, skivad

1 paprika, urkärnad och skivad

1 stor tomat, skivad

2 gurkor, tärnade

1 skivad rödlök

1/2 tsk finhackad vitlök

1/4 kopp hackad färsk persilja

1/4 kopp olivolja

2 msk äppelcidervinäger

1/2 färskpressad lime

Havssalt och mald svartpeppar efter smak

Adresser

Blanda alla ingredienser i en salladsskål.

Ställ in salladen i kylen ca 1 timme innan servering.

Njut av maten!

Medelhavet linssallad

(Färdig på cirka 20 minuter + kyltid | För 5 personer)

Per portion: Kalorier: 348; Fetter: 15g; Kolhydrater: 41,6g; Protein: 15,8g

Ingredienser

1 ½ dl röda linser, sköljda

1 tsk delikatesssenap

1/2 färskpressad citron

2 msk tamarisås

2 stjälkar gräslök, hackad

1/4 kopp extra virgin olivolja

2 hackade vitlöksklyftor

1 dl sallad, skuren i bitar

2 msk hackad färsk persilja

2 msk hackad färsk koriander

1 tsk färsk basilika

1 tsk färsk oregano

1 ½ dl körsbärstomater, halverade

3 uns Kalamata oliver, urkärnade och halverade

Adresser

Koka upp 4 ½ dl vatten och de röda linserna i en stor gryta.

Sänk omedelbart värmen till en sjud och koka linserna i cirka 15 minuter eller tills de är mjuka. Häll av och låt svalna helt.

Lägg linserna i en salladsskål; Blanda linser med resten av ingredienserna tills de är väl blandade.

Servera kall eller rumstemperatur. Njut av maten!

Rostad sparris och avokadosallad

(Färdig på cirka 20 minuter + kyltid | För 4 personer)

Per portion: Kalorier: 378; Fett: 33,2g; Kolhydrater: 18,6g; Protein: 7,8g

Ingredienser

1 pund sparris, skuren i små bitar

1 hackad vitlök

2 hackade vitlöksklyftor

1 romsk tomat, skivad

1/4 kopp olivolja

1/4 kopp balsamvinäger

1 msk mald senap

2 msk hackad färsk persilja

1 msk hackad färsk koriander

1 msk hackad färsk basilika

Havssalt och mald svartpeppar efter smak

1 liten avokado, urkärnad och tärnad

1/2 dl pinjenötter, hackade

Adresser

Börja med att förvärma ugnen till 420 grader F.

Kasta sparrisen med 1 msk olivolja och lägg på en plåt med bakplåtspapper.

Koka i cirka 15 minuter, vrid på pannan en eller två gånger för att säkerställa jämn tillagning. Låt den svalna helt och lägg den i din salladsskål.

Blanda sparrisen med grönsakerna, olivolja, vinäger, senap och örter. Salta och peppra efter smak.

Blanda ihop allt och toppa med avokado och pinjenötter. Njut av maten!

Grönbönor sallad med pinjenötter

(Färdig på ca 10 minuter + kyltid | För 5 personer)

Per portion: Kalorier: 308; Fett: 26,2g; Kolhydrater: 16,6g; Protein: 5,8g

Ingredienser

1 ½ pund gröna bönor, hackade

2 medelstora tomater, tärnade

2 paprika, urkärnade och tärnade

4 matskedar hackad schalottenlök

1/2 dl pinjenötter, hackade

1/2 kopp vegansk majonnäs

1 msk gourmetsenap

2 msk hackad färsk basilika

2 msk hackad färsk persilja

1/2 tsk krossade rödpepparflingor

Havssalt och nymalen svartpeppar efter smak

Adresser

Koka haricots verts i en stor kastrull med saltat vatten tills de är mjuka, cirka 2 minuter.

Häll av och låt bönorna svalna helt; Lägg dem sedan i en salladsskål. Blanda bönorna med resterande ingredienser.

Smaka av och justera kryddor. Njut av maten!

Cannellini bönsoppa med grönkål

(Färdig på cirka 25 minuter | För 5 personer)

Per portion: Kalorier: 188; Fett: 4,7 g; Kolhydrater: 24,5g; Protein: 11,1g

Ingredienser

1 msk olivolja

1/2 tsk finhackad ingefära

1/2 tsk spiskummin

1 hackad rödlök

1 morot, skivad och hackad

1 palsternacka, skivad och hackad

2 hackade vitlöksklyftor

5 dl grönsaksbuljong

12 uns cannellinibönor, avrunna

2 dl grönkål, skuren i bitar

Havssalt och mald svartpeppar efter smak

Adresser

Värm oliven på medelhög värme i en tjock gryta. Fräs nu ingefäran och spiskumminen i ca 1 minut.

Tillsätt nu lök, morot och palsternacka. Fräs ytterligare 3 minuter tills grönsakerna är mjuka.

Tillsätt vitlök och fortsätt fräsa tills den är aromatisk, 1 minut.

Häll sedan i grönsaksbuljongen och låt koka upp. Sänk omedelbart värmen till låg och koka i 10 minuter.

Rör ner cannellinibönor och grönkål; Fortsätt sjuda tills grönkålen vissnar och allt är genomvärmt. Krydda med salt och peppar.

Servera i individuella skålar och servera varma. Njut av maten!

. Salta svampkräm

(Färdig på cirka 15 minuter | För 5 personer)

Per portion: Kalorier: 308; Fett: 25,5g; Kolhydrater: 11,8g; Protein: 11,6g

Ingredienser

2 msk sojasmör

1 stor schalottenlök, hackad

20 uns cremini-svampar, skivade

2 hackade vitlöksklyftor

4 matskedar linfrömjöl

5 dl grönsaksbuljong

1 1/3 kopp hel kokosmjölk

1 lagerblad

Havssalt och mald svartpeppar efter smak

Adresser

Smält det veganska smöret i en kastrull på medelhög värme. När schalottenlöken är varm, koka tills schalottenlöken är mjuk och doftande, cirka 3 minuter.

Tillsätt svamp och vitlök och fortsätt koka tills svampen är mjuk. Tillsätt linfrömjöl och fortsätt koka i ca 1 minut.

Tillsätt resterande ingredienser. Koka upp, täck och koka tills soppan tjocknar något, 5 till 6 minuter till.

Njut av maten!

Äkta italiensk Panzanella sallad

(Färdig på cirka 35 minuter | För 3 personer)

Per portion: Kalorier: 334; Fett: 20,4g; Kolhydrater: 33,3g; Protein: 8,3g

Ingredienser

3 koppar hantverksbröd, brutet i 1-tums kuber

3/4 pund sparris, putsad och skuren i små bitar

4 matskedar extra virgin olivolja

1 hackad rödlök

2 msk färsk limejuice

1 tsk delikatesssenap

2 medium heirloom tomater, tärnade

2 koppar ruccola

2 dl babyspenat

2 italienska paprikor, urkärnade och skivade

Havssalt och mald svartpeppar efter smak

Adresser

Lägg brödtärningarna på en bakplåtspappersklädd plåt. Grädda i en förvärmd ugn vid 180°C i cirka 20 minuter, vänd på plåten två gånger under gräddningstiden; Bokning.

Sätt ugnen på 200°C (420°F) och släng sparrisen med 1 msk olivolja. Grilla sparrisen i cirka 15 minuter eller tills den är mjuk.

Blanda resterande ingredienser i en salladsskål; Toppa med grillad sparris och rostat bröd.

Njut av maten!

Quinoa och svarta bönor sallad

(Färdig på cirka 15 minuter + kyltid | För 4 personer)

Per portion: Kalorier: 433; Fett: 17,3 g; Kolhydrater: 57g; Protein: 15,1g

Ingredienser

2 koppar vatten

1 dl quinoa, sköljd

16 uns konserverade svarta bönor, avrunna

2 romska tomater, skivade

1 rödlök, tunt skivad

1 gurka, kärnade och hackad

2 vitlöksklyftor, pressade eller hackade

2 italienska paprikor, urkärnade och skivade

2 msk hackad färsk persilja

2 msk hackad färsk koriander

1/4 kopp olivolja

1 färskpressad citron

1 msk äppelcidervinäger

1/2 tsk torkad dill

1/2 tsk torkad oregano

Havssalt och mald svartpeppar efter smak

Adresser

Häll vatten och quinoa i en kastrull och låt koka upp. Sänk omedelbart värmen för att få det att sjuda.

Sjud tills quinoan har absorberat allt vatten, ca 13 minuter; Fluffa quinoan med en gaffel och låt svalna helt. Lägg sedan quinoan i en skål.

Tillsätt resterande ingredienser i salladsskålen och blanda väl. Njut av maten!

Rik bulgursallad med örter

(Färdig på cirka 20 minuter + kyltid | För 4 personer)

Per portion: Kalorier: 408; Fett: 18,3g; Kolhydrater: 51,8g; Protein: 13,1g

Ingredienser

2 koppar vatten

1 kopp bulgur

12 uns konserverade kikärter, avrunna

1 persisk gurka, tunt skivad

2 paprikor, urkärnade och tunt skivade

1 jalapenopeppar, urkärnad och tunt skivad

2 romska tomater, skivade

1 lök, tunt skivad

2 msk hackad färsk basilika

2 msk hackad färsk persilja

2 msk hackad färsk mynta

2 msk hackad färsk gräslök

4 matskedar olivolja

1 msk balsamvinäger

1 msk citronsaft

1 tsk färsk vitlök, pressad

Havssalt och nymalen svartpeppar efter smak

2 msk näringsjäst

1/2 kopp Kalamata oliver, skivade

Adresser

Koka upp vatten och bulgur i en kastrull. Sänk omedelbart värmen till en sjud och koka tills bulguren är mjuk och vattnet nästan absorberats, cirka 20 minuter. Rör om med en gaffel och överför till ett stort fat för att svalna.

Lägg bulguren i en skål, följt av kikärter, gurka, paprika, tomater, lök, basilika, persilja, mynta och gräslök.

I en liten tallrik, rör ihop olivolja, balsamvinäger, citronsaft, vitlök, salt och svartpeppar. Krydda salladen och blanda.

Strö över näringsjäst, garnera med oliver och servera i rumstemperatur. Njut av maten!

Klassisk rostad pepparsallad

(Färdig på cirka 15 minuter + kyltid | För 3 personer)

Per portion: Kalorier: 178; Fett: 14,4g; Kolhydrater: 11,8g; Protein: 2,4g

Ingredienser

6 paprika

3 matskedar extra virgin olivolja

3 tsk rödvinsvinäger

3 vitlöksklyftor, fint hackade

2 msk hackad färsk persilja

Havssalt och nymalen svartpeppar efter smak

1/2 tsk röd paprikaflingor

6 matskedar pinjenötter, hackade

Adresser

Rosta paprikan på en bakplåtspappersklädd plåt i cirka 10 minuter, rotera pannan halvvägs genom tillagningen, tills de är förkolnade på alla sidor.

Täck sedan paprikorna med plastfolie. Ta bort skal, frön och frön.

Skär paprikan i strimlor och blanda med resten av ingredienserna. Ställ i kylen fram till servering. Njut av maten!

Rejäl vinterquinoasoppa

(Färdig på cirka 25 minuter | För 4 personer)

Per portion: Kalorier: 328; Fett: 11,1 g; Kolhydrater: 44,1g; Protein: 13,3g

Ingredienser

2 matskedar olivolja

1 hackad lök

2 morötter, skalade och hackade

1 hackad palsternacka

1 stäng selleri hackad

1 dl hackad gul squash

4 vitlöksklyftor, pressade eller hackade

4 dl rostad grönsaksbuljong

2 medelstora tomater, krossade

141

1 kopp quinoa

Havssalt och mald svartpeppar efter smak

1 vik vik

2 dl mangold, sega revben togs bort och skär i bitar

2 msk hackad italiensk persilja

Adresser

Värm oliven på medelhög värme i en tjock gryta. Fräs nu lök, morötter, palsternacka, selleri och gul squash tills grönsakerna är mjuka, ca 3 minuter.

Tillsätt vitlök och fortsätt fräsa tills den är aromatisk, 1 minut.

Tillsätt sedan grönsaksbuljong, tomater, quinoa, salt, peppar och lagerblad; koka upp. Sänk omedelbart värmen till låg och koka i 13 minuter.

Lägg till mangold; Fortsätt koka på låg värme tills mangoldet börjar mjukna.

Servera i individuella skålar och garneras med färsk persilja. Njut av maten!

gröna linssallad

(Färdig på cirka 20 minuter + kyltid | För 5 personer)

Per portion: Kalorier: 349; Fett: 15,1 g; Kolhydrater: 40,9g; Protein: 15,4g

Ingredienser

1 ½ dl gröna linser, sköljda

2 koppar ruccola

2 dl romansallat, skuren i bitar

1 dl babyspenat

1/4 kopp hackad färsk basilika

1/2 kopp hackad schalottenlök

2 vitlöksklyftor finhackad

1/4 kopp oljeinlagda soltorkade tomater, sköljda och hackade

5 matskedar extra virgin olivolja

3 matskedar färsk citronsaft

Havssalt och mald svartpeppar efter smak

Adresser

Koka upp 4 ½ dl vatten och de röda linserna i en stor gryta.

Koka omedelbart upp värmen och fortsätt koka linserna i ytterligare 15 till 17 minuter eller tills de är mjuka men inte mosiga. Häll av och låt svalna helt.

Lägg linserna i en salladsskål; Blanda linser med resten av ingredienserna tills de är väl blandade.

Servera kall eller rumstemperatur. Njut av maten!

. Acorn squash, kikärts- och couscoussoppa

(Färdig på cirka 20 minuter | För 4 personer)

Per portion: Kalorier: 378; Fett: 11g; Kolhydrater: 60,1g; Protein: 10,9g

Ingredienser

2 matskedar olivolja

1 schalottenlök, hackad

1 morot, skivad och hackad

2 dl hackad ekollon squash

1 stäng selleri hackad

1 tsk finhackad vitlök

1 tsk torkad rosmarin, hackad

1 tsk torkad timjan, hackad

2 dl lökkräm

2 koppar vatten

1 kopp torr couscous

Havssalt och mald svartpeppar efter smak

1/2 tsk röd paprikaflingor

6 uns konserverade kikärter, avrunna

2 matskedar färsk citronsaft

Adresser

Värm oliven på medelhög värme i en tjock gryta. Fräs nu schalottenlök, morot, pumpa och selleri i ca 3 minuter tills grönsakerna är mjuka.

Tillsätt vitlök, rosmarin och timjan och fräs tills det doftar, 1 minut till.

Tillsätt sedan soppa, vatten, couscous, salt, svartpeppar och rödpepparflingor; koka upp. Sänk omedelbart värmen till låg och koka i 12 minuter.

Tillsätt konserverade kikärter; Fortsätt koka på låg värme tills den är genomvärmd, eller cirka 5 minuter längre.

Servera i individuella skålar och ringla topparna med citronsaft. Njut av maten!

. Kålsoppa med vitlökscrostini

(Färdig på cirka 1 timme | För 4 personer)

Per portion: Kalorier: 408; Fett: 23,1 g; Kolhydrater: 37,6g; Protein: 11,8g

Ingredienser

Soppa:

2 matskedar olivolja

1 medelstor purjolök hackad

1 dl hackad betor

1 hackad palsternacka

1 hackad morot

2 dl strimlad vitkål

2 vitlöksklyftor finhackad

4 dl grönsaksbuljong

2 lagerblad

Havssalt och mald svartpeppar efter smak

1/4 tsk spiskummin

1/2 tsk senapsfrön

1 tsk torkad basilika

2 tomater, mosade

Crostini:

8 skivor baguette

2 vitlöksklyftor

4 matskedar extra virgin olivolja

Adresser

Värm 2 msk oliver i en kastrull på medelhög värme. Fräs nu purjolök, kålrot, palsternacka och morot i ca 4 minuter tills grönsakerna är möra och krispiga.

Tillsätt vitlök och vitkål och fräs i 1 minut eller tills det doftar.

Tillsätt sedan grönsaksbuljong, lagerblad, salt, svartpeppar, spiskummin, senapsfrön, torkad basilika och tomatpuré; koka upp. Sänk genast värmen till låg och låt sjuda i cirka 20 minuter.

Värm under tiden ugnen till 180°C. Rosta nu vitlök och baguetteskivorna i cirka 15 minuter. Ta ut crostinin från ugnen.

Koka vitlöken i ytterligare 45 minuter eller tills den är väldigt mjuk. Låt vitlöken svalna.

Skär nu varje vitlöksklyfta med en vass tandad kniv för att separera alla klyftor.

Krama ut de rostade vitlöksklyftorna ur skalet. Krossa vitlöksmassan med 4 matskedar extra virgin olivolja.

Fördela den rostade vitlöksblandningen jämnt över crostinin. Servera med varm soppa. Njut av maten!

Gröna bönor gräddsoppa

(Färdig på cirka 35 minuter | För 4 personer)

Per portion: Kalorier: 410; Fett: 19,6 g; Kolhydrater: 50,6g; Protein: 13,3g

Ingredienser

1 msk sesamolja

1 hackad lök

1 grön paprika, urkärnad och hackad

2 röda potatisar, skalade och tärnade

2 hackade vitlöksklyftor

4 dl grönsaksbuljong

1 pund gröna bönor, hackade

Havssalt och mald svartpeppar till smaksättning

1 kopp hel kokosmjölk

Värm sesamfröna på medelhög värme i en tjockbottnad gryta. Fräs nu lök, paprika och potatis i cirka 5 minuter, rör om då och då.

Tillsätt vitlök och fräs i 1 minut eller tills det doftar.

Tillsätt sedan grönsaksbuljongen, gröna bönor, salt och svartpeppar; koka upp. Sänk omedelbart värmen till låg och koka i 20 minuter.

Purea gröna bönblandningen med en stavmixer tills den är slät och krämig.

Häll tillbaka den purerade blandningen i grytan. Tillsätt kokosmjölken och låt sjuda tills den är varm, ca 5 minuter till.

Servera i individuella skålar och servera varma. Njut av maten!

Traditionell fransk löksoppa

(Färdig om ca 1h30 | För 4 personer)

Per portion: Kalorier: 129; Fett: 8,6 g; Kolhydrater: 7,4g; Protein: 6,3g

Ingredienser

2 matskedar olivolja

2 stora gula lökar, tunt skivade

2 kvistar hackad timjan

2 kvistar rosmarin, hackad

2 tsk balsamvinäger

4 dl grönsaksbuljong

Havssalt och mald svartpeppar efter smak

Adresser

Hetta upp olivoljan i en kastrull eller kastrull på medelvärme. Fräs nu löken med timjan, rosmarin och 1 tsk havssalt i ca 2 minuter.

Sänk nu värmen till medel-låg och fortsätt koka tills löken karamelliserats, cirka 50 minuter.

Tillsätt balsamvinägern och koka i ytterligare 15 minuter. Tillsätt buljong, salt och svartpeppar och fortsätt att sjuda i 20-25 minuter.

Servera med rostat bröd och njut!

. rostad morotssoppa

(Färdig på cirka 50 minuter | För 4 personer)

Per portion: Kalorier: 264; Fett: 18,6 g; Kolhydrater: 20,1g; Protein: 7,4g

Ingredienser

1 ½ pund morötter

4 matskedar olivolja

1 hackad gul lök

2 hackade vitlöksklyftor

1/3 tsk malen spiskummin

Havssalt och vitpeppar efter smak.

1/2 tsk gurkmejapulver

4 dl grönsaksbuljong

2 tsk citronsaft

2 matskedar färsk koriander, hackad

Adresser

Börja med att förvärma ugnen till 200 grader. Lägg morötterna på en stor plåt med bakplåtspapper. Kasta morötterna med 2 matskedar olivolja.

Rosta morötterna i cirka 35 minuter eller tills de är mjuka.

Värm de återstående 2 msk olivolja i en tjockbottnad gryta. Fräs nu löken och vitlöken tills de är aromatiska, cirka 3 minuter.

Tillsätt spiskummin, salt, peppar, gurkmeja, grönsaksbuljong och rostade morötter. Fortsätt koka på låg värme i ytterligare 12 minuter.

Mixa din soppa med en stavmixer. Ringla citronsaft över soppan och servera garnerad med färska korianderblad. Njut av maten!

Italiensk pastasallad med penne

(Färdig på cirka 15 minuter + kyltid | För 3 personer)

Per portion: Kalorier: 614; Fett: 18,1 g; Kolhydrater: 101g; Protein: 15,4g

Ingredienser

9 uns penne pasta

9 uns konserverade cannellinibönor, avrunna

1 liten lök, tunt skivad

1/3 kopp Niçoise oliver, urkärnade och skivade

2 italienska paprikor, skivade

1 dl körsbärstomater, halverade

3 koppar ruccola

Bandage:

3 matskedar extra virgin olivolja

1 tsk citronskal

1 tsk finhackad vitlök

3 msk balsamvinäger

1 tsk italiensk örtblandning

Havssalt och mald svartpeppar efter smak

Adresser

Koka pennepasta enligt anvisningarna på förpackningen. Låt rinna av och skölj nudlarna. Låt svalna helt och lägg sedan i en salladsskål.

Tillsätt sedan bönorna, lök, oliver, paprika, tomater och rucola i salladsskålen.

Blanda alla ingredienser till vinägretten väl. Krydda din sallad och servera den väldigt kall. Njut av maten!

Indisk chana chaat sallad

(Färdig på cirka 45 minuter + kyltid | För 4 personer)

Per portion: Kalorier: 604; Fett: 23,1 g; Kolhydrater: 80g; Protein: 25,3g

Ingredienser

1 pund torkade kikärter, blötlagda över natten

2 San Marzano tomater, tärnade

1 persisk gurka, skivad

1 hackad lök

1 paprika, urkärnad och tunt skivad

1 grön chili, urkärnad och tunt skivad

2 nävar babyspenat

1/2 tsk Kashmiri chilipulver

4 hackade curryblad

1 matsked chaat masala

2 msk färsk citronsaft eller efter smak

4 matskedar olivolja

1 tsk agavesirap

1/2 tsk senapsfrön

1/2 tsk korianderfrön

2 msk sesamfrön, lätt rostade

2 matskedar färsk koriander, hackad

Adresser

Låt kikärtorna rinna av och lägg dem i en stor gryta. Täck kikärtorna med 5 cm vatten och låt koka upp.

Sänk omedelbart värmen för att sjuda och fortsätt koka i cirka 40 minuter.

Blanda kikärtor med tomater, gurka, lök, paprika, spenat, chilipulver, curryblad och chaat masala.

I en liten skål, blanda ihop citronsaft, olivolja, agavesirap, senapsfrön och korianderfrön tills det är väl blandat.

Garnera med sesamfrön och färsk koriander. Njut av maten!

Thai nudel tempeh sallad

(Färdig på cirka 45 minuter | För 3 personer)

Per portion: Kalorier: 494; Fett: 14,5 g; Kolhydrater: 75g; Protein: 18,7g

Ingredienser

6 uns tempeh

4 matskedar risvinäger

4 matskedar sojasås

2 hackade vitlöksklyftor

1 liten lime, färskpressad

5 uns risnudlar

1 morot, finhackad

1 schalottenlök, hackad

3 nävar bok choy, tunt skivad

3 nävar grönkål, skuren i bitar

1 paprika, urkärnad och tunt skivad

1 fågelperspektiv chili, hackad

1/4 kopp jordnötssmör

2 msk agavesirap

Adresser

Lägg tempeh, 2 msk risvinäger, sojasås, vitlök och citronsaft i en keramisk skål. Låt jäsa i ca 40 minuter.

Koka under tiden risnudlarna enligt anvisningarna på förpackningen. Häll av nudlarna och lägg dem i en skål.

Tillsätt morot, schalottenlök, kål, grönkål och paprika i salladsskålen. Tillsätt jordnötssmör, resterande 2 msk risvinäger och agavesirap och rör om.

Garnera med marinerad tempeh och servera genast. Njut av!

Klassisk broccolikräm

(Färdig på cirka 35 minuter | För 4 personer)

Per portion: Kalorier: 334; Fett: 24,5g; Kolhydrater: 22,5g; Protein: 10,2g

Ingredienser

2 matskedar olivolja

1 pund broccolibuketter

1 hackad lök

1 revben selleri, hackad

1 hackad palsternacka

1 tsk finhackad vitlök

3 dl grönsaksbuljong

1/2 tsk torkad dill

1/2 tsk torkad oregano

Havssalt och mald svartpeppar efter smak

2 msk linfrömjöl

1 kopp hel kokosmjölk

Adresser

Värm olivoljan på medelhög värme i en tjockbottnad gryta. Fräs nu broccolin, löken, sellerin och palsternackan i cirka 5 minuter, rör om då och då.

Tillsätt vitlök och fräs i 1 minut eller tills det doftar.

Tillsätt sedan grönsaksbuljong, dill, oregano, salt och svartpeppar; koka upp. Sänk genast värmen till låg och låt sjuda i cirka 20 minuter.

Mosa soppan med en stavmixer tills den är slät och krämig.

Häll tillbaka den purerade blandningen i grytan. Tillsätt linfrömjöl och kokosmjölk; Fortsätt koka på låg värme tills den är genomvärmd, cirka 5 minuter.

Servera i fyra portionsskålar och njut!

Marockansk lins- och russinsallad

(Färdig på cirka 20 minuter + kyltid | För 4 personer)

Per portion: Kalorier: 418; Fetter: 15 g; Kolhydrater: 62,9g; Protein: 12,4g

Ingredienser

1 dl röda linser, sköljda

1 stor morot, finhackad

1 persisk gurka, tunt skivad

1 finhackad söt lök

1/2 kopp gyllene russin

1/4 kopp färsk mynta, hackad

1/4 kopp färsk basilika, hackad

1/4 kopp extra virgin olivolja

1/4 kopp citronsaft, färskpressad

1 tsk rivet citronskal

1/2 tsk färsk ingefära, skalad och hackad

1/2 tsk granulerad vitlök

1 tsk mald kryddpeppar

Havssalt och mald svartpeppar efter smak

Adresser

Koka upp 3 dl vatten och 1 dl linser i en stor gryta.

Sänk omedelbart värmen för att sjuda och fortsätt koka linserna i ytterligare 15-17 minuter eller tills de är mjuka men inte mosiga. Häll av och låt svalna helt.

Lägg linserna i en salladsskål; Tillsätt morot, gurka och sötlök. Tillsätt sedan russin, mynta och basilika i din sallad.

I en liten tallrik, rör ihop olivolja, citronsaft, citronskal, ingefära, vitlöksgranulat, kryddpeppar, salt och svartpeppar.

Krydda din sallad och servera den väldigt kall. Njut av maten!

Sparris och kikärtssallad

(Färdig på ca 10 minuter + kyltid | För 5 personer)

Per portion: Kalorier: 198; Fett: 12,9 g; Kolhydrater: 17,5g; Protein: 5,5g

Ingredienser

1 ¼ pund sparris, putsad och skuren i små bitar

5 uns konserverade kikärter, avrunna och sköljda

1 chipotlepeppar, kärnad och hackad

1 italiensk paprika, urkärnad och hackad

1/4 kopp hackade färska basilikablad

1/4 kopp färska bladpersilja, hackad

2 msk färska myntablad

2 msk hackad färsk gräslök

1 tsk finhackad vitlök

1/4 kopp extra virgin olivolja

1 msk balsamvinäger

1 msk färsk citronsaft

2 msk sojasås

1/4 tsk mald kryddpeppar

1/4 tsk malen spiskummin

Havssalt och nymalda pepparkorn efter smak

Adresser

Koka upp en stor kastrull med saltat vatten med sparrisen; Koka i 2 minuter; dränera och skölj.

Lägg sparrisen i en salladsskål.

Blanda sparrisen med kikärter, paprika, örter, vitlök, olivolja, vinäger, limejuice, soja och kryddor.

Rör om och servera genast. Njut av maten!

Gammaldags sallad med gröna bönor

(Färdig på cirka 10 minuter + kyltid | För 4 personer)

Per portion: Kalorier: 240; Fett: 14,1g; Kolhydrater: 29g; Protein: 4,4g

Ingredienser

1 ½ pund gröna bönor, hackade

1/2 dl hackad gräslök

1 tsk finhackad vitlök

1 persisk gurka, skivad

2 dl druvtomater, halverade

1/4 kopp olivolja

1 tsk delikatesssenap

2 msk tamarisås

2 msk citronsaft

1 msk äppelcidervinäger

1/4 tsk malen spiskummin

1/2 tsk torkad timjan

Havssalt och mald svartpeppar efter smak

Adresser

Koka haricots verts i en stor kastrull med saltat vatten tills de är mjuka, cirka 2 minuter.

Häll av och låt bönorna svalna helt; Lägg dem sedan i en salladsskål. Blanda bönorna med resterande ingredienser.

Njut av maten!

Vinterbönsoppa

(Färdig på cirka 25 minuter | För 4 personer)

Per portion: Kalorier: 234; Fett: 5,5 g; Kolhydrater: 32,3g; Protein: 14,4g

Ingredienser

1 msk olivolja

2 msk hackad schalottenlök

1 hackad morot

1 hackad palsternacka

1 stäng selleri hackad

1 tsk finhackad färsk vitlök

4 dl grönsaksbuljong

2 lagerblad

1 kvist hackad rosmarin

16 uns konserverade vita bönor

Havssaltflingor och mald svartpeppar efter smak

Adresser

Värm oliven på medelhög värme i en tjock gryta. Fräs nu schalottenlök, morötter, palsternacka och selleri i ca 3 minuter tills grönsakerna är mjuka.

Tillsätt vitlök och fortsätt fräsa tills den är aromatisk, 1 minut.

Tillsätt sedan grönsaksfond, lagerblad och rosmarin och låt koka upp. Sänk omedelbart värmen till låg och koka i 10 minuter.

Tillsätt de vita bönorna och låt sjuda tills allt är varmt, ca 5 minuter till. Krydda med salt och svartpeppar.

Servera i individuella skålar, lägg i lagerbladen och servera varm. Njut av maten!

Italiensk cremini svampsoppa

(Färdig på cirka 15 minuter | För 3 personer)

Per portion: Kalorier: 154; Fett: 12,3g; Kolhydrater: 9,6g; Protein: 4,4g

Ingredienser

3 msk veganskt smör

1 hackad vitlök

1 hackad röd paprika

1/2 tsk pressad vitlök

3 dl cremini svamp, hackad

2 msk mandelmjöl

3 koppar vatten

1 tsk italiensk örtblandning

Havssalt och mald svartpeppar efter smak

1 hög matsked färsk gräslök, hackad

Adresser

Smält det veganska smöret i en kastrull på medelhög värme. När den är varm, fräs löken och paprikan tills den är mjuk, cirka 3 minuter.

Tillsätt vitlöken och cremini-svampen och fortsätt steka tills svampen är mjuk. Strö över svampen med mandelmjöl och fortsätt koka i ca 1 minut.

Tillsätt resterande ingredienser. Koka upp, täck och koka tills vätskan tjocknar något, 5 till 6 minuter till.

Servera i tre soppskålar och garnera med färsk gräslök. Njut av maten!

Potatisgrädde med örter

(Färdig på cirka 40 minuter | För 4 personer)

Per portion: Kalorier: 400; Fett: 9g; Kolhydrater: 68,7g; Protein: 13,4g

Ingredienser

2 matskedar olivolja

1 hackad lök

1 stäng selleri hackad

4 stora potatisar, skalade och hackade

2 hackade vitlöksklyftor

1 tsk hackad färsk basilika

1 tsk hackad färsk persilja

1 tsk hackad färsk rosmarin

1 vik vik

1 tsk mald kryddpeppar

4 dl grönsaksbuljong

Salta och nymalen svartpeppar efter smak.

2 msk hackad färsk gräslök

Adresser

Värm olivoljan på medelhög värme i en tjockbottnad gryta. När den är varm, fräs löken, sellerin och potatisen i cirka 5 minuter, rör om regelbundet.

Tillsätt vitlök, basilika, persilja, rosmarin, lagerblad och kryddpeppar och fräs tills det doftar, 1 minut till.

Tillsätt nu grönsaksfonden, salt och svartpeppar och låt koka upp snabbt. Sänk genast värmen till låg och koka i ca 30 minuter.

Mosa soppan med en stavmixer tills den är slät och krämig.

Värm upp din soppa och servera med färsk gräslök. Njut av maten!

Quinoa och avokadosallad

(Färdig på cirka 15 minuter + kyltid | För 4 personer)

Per portion: Kalorier: 399; Fett: 24,3g; Kolhydrater: 38,5g; Protein: 8,4g

Ingredienser

1 dl quinoa, sköljd

1 hackad lök

1 tomat, tärnad

2 rostade paprika, skurna i strimlor

2 msk hackad persilja

2 msk hackad basilika

1/4 kopp extra virgin olivolja

2 msk rödvinsvinäger

2 msk citronsaft

1/4 tsk cayennepeppar

Havssalt och nymalen svartpeppar till smaksättning

1 avokado, skalad, urkärnad och skivad

1 msk rostade sesamfrön

Adresser

Häll vatten och quinoa i en kastrull och låt koka upp. Sänk omedelbart värmen för att få det att sjuda.

Sjud tills quinoan har absorberat allt vatten, ca 13 minuter; Fluffa quinoan med en gaffel och låt svalna helt. Lägg sedan quinoan i en skål.

Tillsätt lök, tomat, rostad paprika, persilja och basilika i salladsskålen. I en annan liten skål, rör ihop olivolja, vinäger, citronsaft, cayennepeppar, salt och svartpeppar.

Krydda din sallad och blanda väl. Toppa med avokadoskivor och garnera med rostade sesamfrön.

Njut av maten!

Tabbouleh sallad med tofu

(Färdig på cirka 20 minuter + kyltid | För 4 personer)

Per portion: Kalorier: 379; Fett: 18,3g; Kolhydrater: 40,7g; Protein: 19,9g

Ingredienser

1 kopp bulgur

2 San Marzano tomater, skivade

1 persisk gurka, tunt skivad

2 msk hackad basilika

2 msk hackad persilja

4 hackad gräslök

2 koppar ruccola

2 dl babyspenat, hackad

4 matskedar tahini

4 matskedar citronsaft

1 msk sojasås

1 tsk färsk vitlök, pressad

Havssalt och mald svartpeppar efter smak

12 uns rökt tofu, tärnad

Adresser

Koka upp 2 dl vatten och bulgur i en kastrull. Sänk genast värmen till låg och koka i cirka 20 minuter eller tills bulguren är mjuk och vattnet nästan absorberats. Rör om med en gaffel och överför till ett stort fat för att svalna.

Lägg bulguren i en skål, följt av tomater, gurka, basilika, persilja, vårlök, ruccola och spenat.

I en liten tallrik, rör ihop tahini, citronsaft, sojasås, vitlök, salt och svartpeppar. Krydda och blanda salladen.

Garnera din sallad med rökt tofun och servera i rumstemperatur. Njut av maten!

Trädgårdspastasallad

(Färdig på cirka 10 minuter + kyltid | För 4 personer)

Per portion: Kalorier: 479; Fetter: 15 g; Kolhydrater: 71,1g; Protein: 14,9g

Ingredienser

12 uns rotini nudlar

1 liten lök, tunt skivad

1 dl körsbärstomater, halverade

1 hackad paprika

1 jalapenopeppar, hackad

1 msk kapris, avrunnen

2 dl isbergssallad, skuren i bitar

2 msk hackad färsk persilja

2 msk hackad färsk koriander

2 msk hackad färsk basilika

1/4 kopp olivolja

2 msk äppelcidervinäger

1 tsk pressad vitlök

Kosher salt och mald svartpeppar efter smak

2 msk näringsjäst

2 msk rostade och hackade pinjenötter

Adresser

Koka pasta enligt anvisningarna på förpackningen. Låt rinna av och skölj nudlarna. Låt svalna helt och lägg sedan i en salladsskål.

Tillsätt sedan lök, tomater, paprika, kapris, sallad, persilja, koriander och basilika i salladsskålen.

Blanda samman olivolja, vinäger, vitlök, salt, svartpeppar och näringsjäst. Ordna salladen och garnera med rostade pinjenötter. Njut av maten!

Traditionell ukrainsk borsjtj

(Färdig på cirka 40 minuter | För 4 personer)

Per portion: Kalorier: 367; Fett: 9,3 g; Kolhydrater: 62,7g; Protein: 12,1g

Ingredienser

2 msk sesamolja

1 hackad rödlök

2 morötter, rensade och skivade

2 stora rödbetor, skalade och skivade

2 stora potatisar, skalade och tärnade

4 dl grönsaksbuljong

2 hackade vitlöksklyftor

1/2 tsk spiskummin

1/2 tsk sellerifrön

1/2 tsk fänkålsfrön

1 pund rödkål, strimlad

1/2 tsk blandade pepparkorn, nymalda

Kosher salt efter smak

2 lagerblad

2 msk vinäger

Adresser

Värm sesamoljan på medelvärme i en holländsk ugn. När den är varm, fräs löken tills den är mjuk och genomskinlig, cirka 6 minuter.

Tillsätt morötter, rödbetor och potatis och fräs i ytterligare 10 minuter, tillsätt grönsaksbuljong med jämna mellanrum.

Tillsätt sedan vitlök, spiskummin, sellerifrön och fänkålsfrön och fräs ytterligare 30 sekunder.

Tillsätt kål, pepparblandning, salt och lagerblad. Tillsätt resten av buljongen och låt koka upp.

Sänk omedelbart värmen för att sjuda och fortsätt koka tills grönsakerna är mjuka, 20 till 23 minuter till.

Servera i individuella skålar och ringla över vinäger. Servera och njut!

Beluga linssallad

(Färdig på cirka 20 minuter + kyltid | För 4 personer)

Per portion: Kalorier: 338; Fett: 16,3g; Kolhydrater: 37,2g; Protein: 13g

Ingredienser

1 dl belugalinser, sköljda

1 persisk gurka, skivad

1 stor tomat, skivad

1 hackad rödlök

1 paprika skivad

1/4 kopp hackad färsk basilika

1/4 kopp färsk italiensk persilja, hackad

2 uns gröna oliver, urkärnade och skivade

1/4 kopp olivolja

4 matskedar citronsaft

1 tsk delikatesssenap

1/2 tsk finhackad vitlök

1/2 tsk krossade rödpepparflingor

Havssalt och mald svartpeppar efter smak

Adresser

Koka upp 3 dl vatten och 1 dl linser i en stor gryta.

Koka omedelbart upp värmen och fortsätt koka linserna i ytterligare 15 till 17 minuter eller tills de är mjuka men inte mosiga. Häll av och låt svalna helt.

Lägg linserna i en salladsskål; Tillsätt gurka, tomater, lök, paprika, basilika, persilja och oliver.

I en liten skål, rör ihop olivolja, citronsaft, senap, vitlök, rödpeppar, salt och svartpeppar.

Ordna salladen, blanda och servera kyld. Njut av maten!

Indisk naan sallad

(Färdig på cirka 10 minuter | För 3 personer)

Per portion: Kalorier: 328; Fett: 17,3 g; Kolhydrater: 36,6g; Protein: 6,9g

Ingredienser

3 matskedar sesamolja

1 tsk ingefära, skalad och hackad

1/2 tsk spiskummin

1/2 tsk senapsfrön

1/2 tsk blandade pepparkorn

1 msk curryblad

3 naanbröd, delade i små bitar

1 schalottenlök, hackad

2 hackade tomater

Himalayasalt efter smak

1 msk sojasås

Adresser

Värm 2 matskedar sesamolja i en nonstick-panna på medelhög värme.

Stek ingefära, spiskummin, senapsfrön, blandade pepparkorn och curryblad tills de doftar, ca 1 minut.

Tillsätt naan-bröden och fortsätt tillagan, rör om då och då, tills de är gyllenbruna och väl belagda med kryddor.

Lägg schalottenlök och tomater i en salladsskål; Blanda med salt, sojasås och resterande matsked sesamolja.

Lägg det rostade brödet ovanpå din sallad och servera i rumstemperatur. Njut av!

Grekisk sallad med rostad paprika

(Färdig på cirka 10 minuter | För 2 personer)

Per portion: Kalorier: 185; Fett: 11,5 g; Kolhydrater: 20,6g; Protein: 3,7g

Ingredienser

2 röda paprika

2 gul paprika

2 vitlöksklyftor, pressade

4 tsk extra virgin olivolja

1 msk kapris, sköljd och avrunnen

2 msk rödvinsvinäger

Havssalt och mald peppar efter smak

1 tsk färsk dill, hackad

1 tsk hackad färsk oregano

1/4 kopp Kalamata oliver, urkärnade och skivade

Adresser

Rosta paprikan på en bakplåtspappersklädd plåt i cirka 10 minuter, rotera pannan halvvägs genom tillagningen, tills de är förkolnade på alla sidor.

Täck sedan paprikorna med plastfolie. Ta bort skal, frön och frön.

Skär paprikorna i strimlor och lägg dem i en salladsskål. Tillsätt resten av ingredienserna och blanda väl.

Ställ i kylen fram till servering. Njut av maten!

Bön- och potatissoppa

(Färdig på cirka 30 minuter | För 4 personer)

Per portion: Kalorier: 266; Fett: 7,7 g; Kolhydrater: 41,3g; Protein: 9,3g

Ingredienser

2 matskedar olivolja

1 hackad lök

1 pund potatis, skalad och tärnad

1 medelstor selleristav, hackad

2 hackade vitlöksklyftor

1 tsk paprika

4 koppar vatten

2 msk veganskt buljongpulver

16 uns konserverade kidneybönor, avrunna

2 dl babyspenat

Havssalt och mald svartpeppar efter smak

Adresser

Värm oliven på medelhög värme i en tjock gryta. Fräs nu lök, potatis och selleri i cirka 5 minuter tills löken är genomskinlig och mör.

Tillsätt vitlök och fortsätt fräsa tills den är aromatisk, 1 minut.

Tillsätt sedan paprika, vatten och vegansk buljong och låt koka upp. Sänk omedelbart värmen till låg och koka i 15 minuter.

Tillsätt vita bönor och spenat; Fortsätt sjuda tills den är genomvärmd, cirka 5 minuter. Krydda med salt och svartpeppar.

Servera i individuella skålar och servera varma. Njut av maten!

Vinterquinoasallad med gurka

(Färdig på cirka 20 minuter + kyltid | För 4 personer)

Per portion: Kalorier: 346; Fett: 16,7 g; Kolhydrater: 42,6g; Protein: 9,3g

Ingredienser

1 kopp quinoa

4 vitlöksklyftor, hackade

2 inlagda gurkor, hackade

10 uns konserverad röd paprika, hackad

1/2 kopp gröna oliver, urkärnade och skivade

2 dl grönkål, strimlad

2 dl isbergssallad, skuren i bitar

4 inlagda paprika, hackade

4 matskedar olivolja

1 msk citronsaft

1 tsk citronskal

1/2 tsk torkad mejram

Havssalt och mald svartpeppar efter smak

1/4 dl färsk gräslök, grovt hackad

Adresser

Tillsätt två koppar vatten och quinoa i en kastrull och låt koka upp. Sänk omedelbart värmen för att få det att sjuda.

Sjud tills quinoan har absorberat allt vatten, ca 13 minuter; Fluffa quinoan med en gaffel och låt svalna helt. Lägg sedan quinoan i en skål.

Tillsätt vitlök, inlagd gurka, paprika, oliver, kål, sallad och inlagd chili i salladsskålen och blanda.

Förbered vinägretten i en liten skål genom att vispa ihop de återstående ingredienserna. Ordna salladen, blanda väl och servera genast. Njut av maten!

Rostad vildsvampsoppa

(Färdig på ca 55 minuter | För 3 personer)

Per portion: Kalorier: 313; Fett: 23,5g; Kolhydrater: 14,5g; Protein: 14,5g

Ingredienser

3 matskedar sesamolja

1 pund blandade vilda svampar, skivade

1 hackad vitlök

3 vitlöksklyftor, hackade och delade

2 kvistar hackad timjan

2 kvistar rosmarin, hackad

1/4 kopp linfrömjöl

1/4 kopp torrt vitt vin

3 dl grönsaksbuljong

1/2 tsk röd paprikaflingor

Till krydda, vitlökssalt och nymalen svartpeppar

Adresser

Börja med att förvärma ugnen till 395 grader F.

Ordna svampen i ett enda lager på en bakplåtspappersklädd plåt. Ringla över svampen med 1 msk sesamolja.

Rosta svampen i den förvärmda ugnen tills den är mjuk, ca 25 minuter.

Värm återstående 2 msk sesamolja i en kastrull på medelhög värme. Fräs sedan löken tills den är mjuk och genomskinlig, ca 3 minuter.

Tillsätt sedan vitlök, timjan och rosmarin och fräs tills det är aromatiskt, ca 1 minut till. Strö över linfrömjöl.

Tillsätt resterande ingredienser och låt sjuda i ytterligare 10-15 minuter eller tills de är genomstekta.

Tillsätt den rostade svampen och låt sjuda i ytterligare 12 minuter. Servera i soppskålar och servera varm. Njut av!

Medelhavet gröna bönsoppa

(Färdig på cirka 25 minuter | För 5 personer)

Per portion: Kalorier: 313; Fett: 23,5g; Kolhydrater: 14,5g; Protein: 14,5g

Ingredienser

2 matskedar olivolja

1 hackad lök

1 selleri med blad, hackad

1 hackad morot

2 hackade vitlöksklyftor

1 hackad zucchini

5 dl grönsaksbuljong

1 ¼ pund haricots verts, putsade och skurna i små bitar

2 medelstora tomater, mosade

Havssalt och nymalen svartpeppar efter smak

1/2 tsk cayennepeppar

1 tsk oregano

1/2 tsk torkad dill

1/2 kopp Kalamata oliver, urkärnade och skivade

Adresser

Värm oliven på medelhög värme i en tjock gryta. Fräs nu lök, selleri och morot i ca 4 minuter tills grönsakerna är mjuka.

Tillsätt vitlök och zucchini och fräs i 1 minut eller tills det doftar.

Tillsätt sedan grönsaksbuljongen, haricots verts, tomater, salt, svartpeppar, cayenne, oregano och torkad dill; koka upp. Sänk omedelbart värmen till låg och koka i cirka 15 minuter.

Servera i individuella skålar och garnera med skivade oliver. Njut av maten!

Morotskräm

(Färdig på cirka 30 minuter | För 4 personer)

Per portion: Kalorier: 333; Fett: 23g; Kolhydrater: 26g; Protein: 8,5g

Ingredienser

2 msk sesamolja

1 hackad lök

1 ½ pund morötter, rensade och hackade

1 hackad palsternacka

2 hackade vitlöksklyftor

1/2 tsk currypulver

Havssalt och cayennepeppar efter smak

4 dl grönsaksbuljong

1 kopp hel kokosmjölk

Adresser

Värm sesamoljan på medelhög värme i en tjockbottnad gryta. Fräs nu lök, morötter och palsternacka i cirka 5 minuter, rör om då och då.

Tillsätt vitlök och fräs i 1 minut eller tills det doftar.

Tillsätt sedan currypulver, salt, cayennepeppar och grönsaksbuljong; koka upp snabbt. Sänk omedelbart värmen för att sjuda i 18 till 20 minuter.

Mosa soppan med en stavmixer tills den är slät och krämig.

Häll tillbaka den purerade blandningen i grytan. Tillsätt kokosmjölken och låt sjuda tills den är varm, ca 5 minuter till.

Häll upp i fyra skålar och servera varma. Njut av maten!

Nonna italiensk pizzasallad

(Färdig på cirka 15 minuter + kyltid | För 4 personer)

Per portion: Kalorier: 595; Fett: 17,2g; Kolhydrater: 93g; Protein: 16g

Ingredienser

1 pund makaroner

1 kopp marinerad svamp, skivad

1 kopp druvtomater, halverade

4 msk hackad gräslök

1 tsk finhackad vitlök

1 italiensk paprika, skivad

1/4 kopp extra virgin olivolja

1/4 kopp balsamvinäger

1 tsk torkad oregano

1 tsk torkad basilika

1/2 tsk torkad rosmarin

Havssalt och cayennepeppar efter smak

1/2 kopp svarta oliver, skivade

Adresser

Koka pasta enligt anvisningarna på förpackningen. Låt rinna av och skölj nudlarna. Låt svalna helt och lägg sedan i en salladsskål.

Tillsätt sedan de återstående ingredienserna och rör om tills makaronerna är väl belagda.

Smaka av och justera kryddor; Placera pizzasalladen i kylen tills den ska användas. Njut av maten!

Krämig gyllene grönsakssoppa

(Färdig på cirka 45 minuter | För 4 personer)

Per portion: Kalorier: 550; Fett: 27,2g; Kolhydrater: 70,4g; Protein: 13,2g

Ingredienser

2 msk avokadoolja

1 hackad gul lök

2 Yukon Gold-potatisar, skalade och tärnade

2 pund pumpa, skalad, kärnad och tärnad

1 palsternacka, rensad och skivad

1 tsk ingefära vitlökspasta

1 tsk gurkmejapulver

1 tsk fänkålsfrön

1/2 tsk chilipulver

1/2 tsk pumpapajkrydda

Kosher salt och mald svartpeppar efter smak

3 dl grönsaksbuljong

1 kopp hel kokosmjölk

2 matskedar frön

Adresser

Hetta upp oljan i en tjockbottnad gryta på medelhög värme. Fräs nu lök, potatis, butternut squash och palsternacka i cirka 10 minuter, rör om regelbundet för att säkerställa en jämn tillagning.

Tillsätt ingefära-vitlökspastan och fräs i 1 minut eller tills den är aromatisk.

Tillsätt sedan gurkmejapulver, fänkålsfrön, chilipulver, pumpapajkrydda, salt, svartpeppar och grönsaksbuljong; koka upp. Sänk omedelbart värmen till låg och låt sjuda i cirka 25 minuter.

Mosa soppan med en stavmixer tills den är slät och krämig.

Häll tillbaka den purerade blandningen i grytan. Tillsätt kokosmjölken och låt sjuda tills den är varm, ca 5 minuter till.

Servera i individuella skålar och garneras med pumpafrön. Njut av maten!

Milton Keynes UK
Ingram Content Group UK Ltd.
UKHW020240221123
432980UK00016B/1114